FLÁVIA MARTINS DE CARVALHO

ILUSTRAÇÕES
LEONARDO MALAVAZZI

GONZALEZ
Lélia Gonzalez

1ª edição – Campinas, 2022

"Uma pessoa negra que tem consciência de sua negritude está na luta contra o racismo."
(Lélia Gonzalez)

M•STARDA EDITORA

A menina Lélia nasceu em 1.º de fevereiro de 1935, em uma cidade grande chamada Belo Horizonte, a capital do estado de Minas Gerais.

Assim como a cidade de seu nascimento, a família de Lélia também era grande. Ao todo eram 18 filhos, e Lélia foi a penúltima a nascer.

Sua mãe se chamava Urcinda Seraphina de Almeida. Era uma mulher de origem indígena que trabalhava como empregada doméstica. Já seu pai trabalhava em uma ferrovia e se chamava Acácio Joaquim de Almeida.

Embora fosse um homem negro nascido nos tempos da escravidão, o pai de Lélia não chegou a ser escravizado, pois viera ao mundo depois do surgimento da chamada Lei do Ventre Livre, que concedeu a liberdade para filhos de mulheres escravizadas nascidos depois dessa mudança na lei.

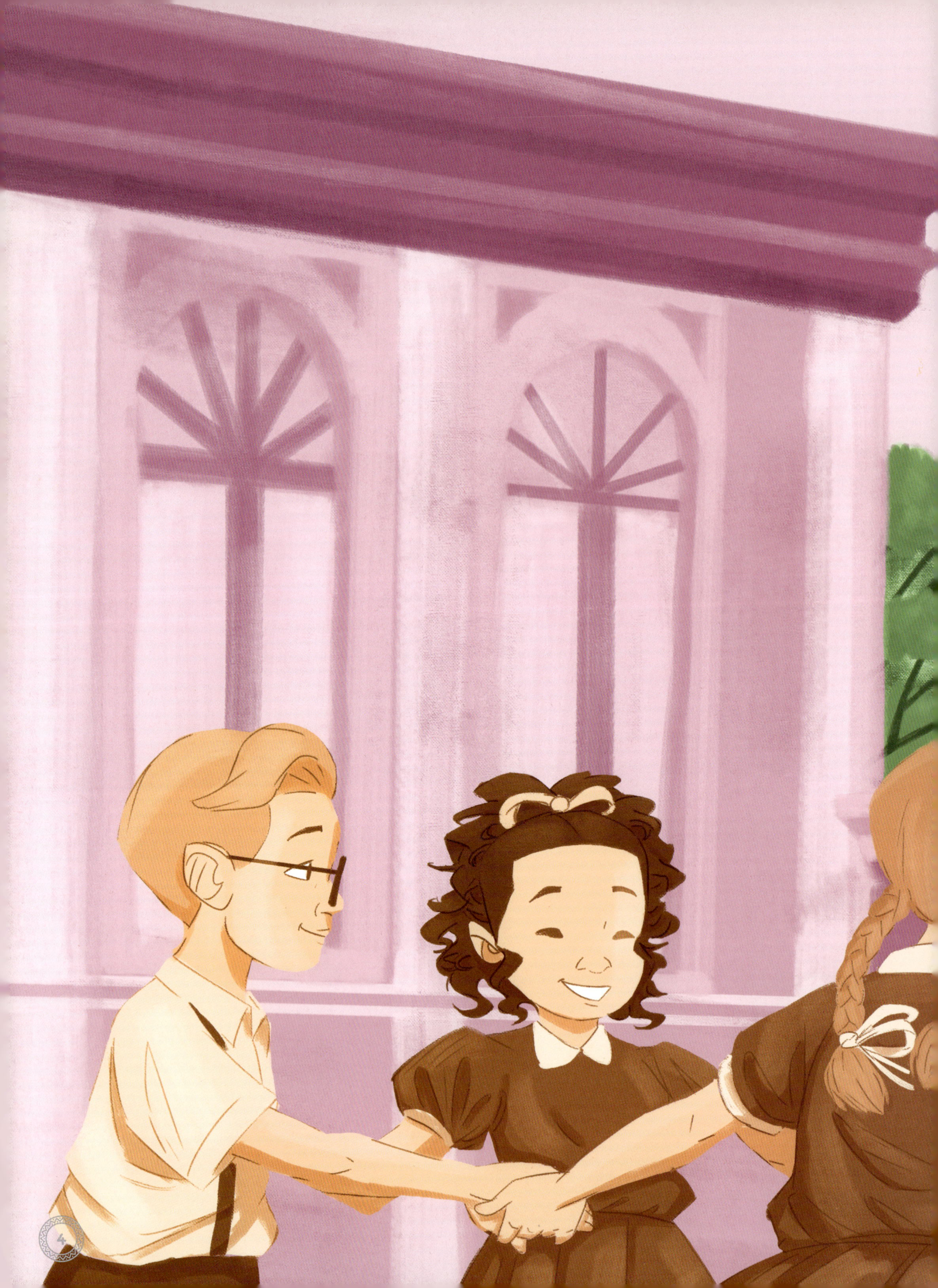

Dona Urcinda, mãe de Lélia, trabalhava na casa de uma família italiana como empregada doméstica. Ela acabou sendo "ama de leite" de uma das crianças dessa família que havia perdido a mãe no parto.

As amas de leite eram mulheres que amamentavam crianças que não eram suas filhas. Muitas mulheres negras tinham essa tarefa no período da escravidão, e, mesmo depois da escravidão, a prática ainda foi bastante comum.

Naquela época, crianças como Lélia, pretas e pobres, não tinham muitas oportunidades de estudo, mas ela acabou fazendo amizade com a menina que sua mãe amamentara. Ambas cresceram juntas. Quando a menina foi à escola, a família italiana resolveu matricular Lélia também.

O pai de Lélia morreu quando ela ainda era criança, mas Lélia considerava Jaime de Almeida, um de seus irmãos mais velhos, como um pai. Na década de 1940, Jaime foi convidado para jogar futebol em um grande time do Rio de Janeiro, o Clube de Regatas do Flamengo. O futebol era um esporte que não admitia pessoas negras, mas o talento de jogadores como Jaime acabou mudando esse cenário. Jaime teve uma carreira de sucesso, chegando a ser capitão do time e vencendo alguns campeonatos.

Logo depois de ser contratado pelo Flamengo, Jaime levou a família para morar com ele no Rio de Janeiro, a Cidade Maravilhosa. Mas, pelo menos no início, a vida de Lélia não teve nada de maravilhosa. Aos sete anos, ela foi trabalhar como babá na casa de um dos diretores do clube em que seu irmão jogava. Atualmente o trabalho infantil é proibido por lei. Porém, quando Lélia era criança, meninas negras de periferia começavam a trabalhar muito cedo como babás e empregadas domésticas. Lélia reagiu e não teve quem fizesse a menina permanecer no emprego, que não deveria ser oferecido a nenhuma criança.

Na adolescência, Lélia foi uma garota tímida. Sentia-se diferente da maioria das meninas negras da sua idade, já que elas não costumavam ter acesso aos estudos e trabalhavam desde muito novas. Por outro lado, ela também não se identificava com as meninas brancas com quem convivia.

Lélia tentava, sem sucesso, ficar parecida com as meninas brancas, fosse no modo de vestir ou de pentear os cabelos, pois queria muito ser aceita. A Lélia adolescente ainda não tinha descoberto o quanto era linda com sua própria beleza!

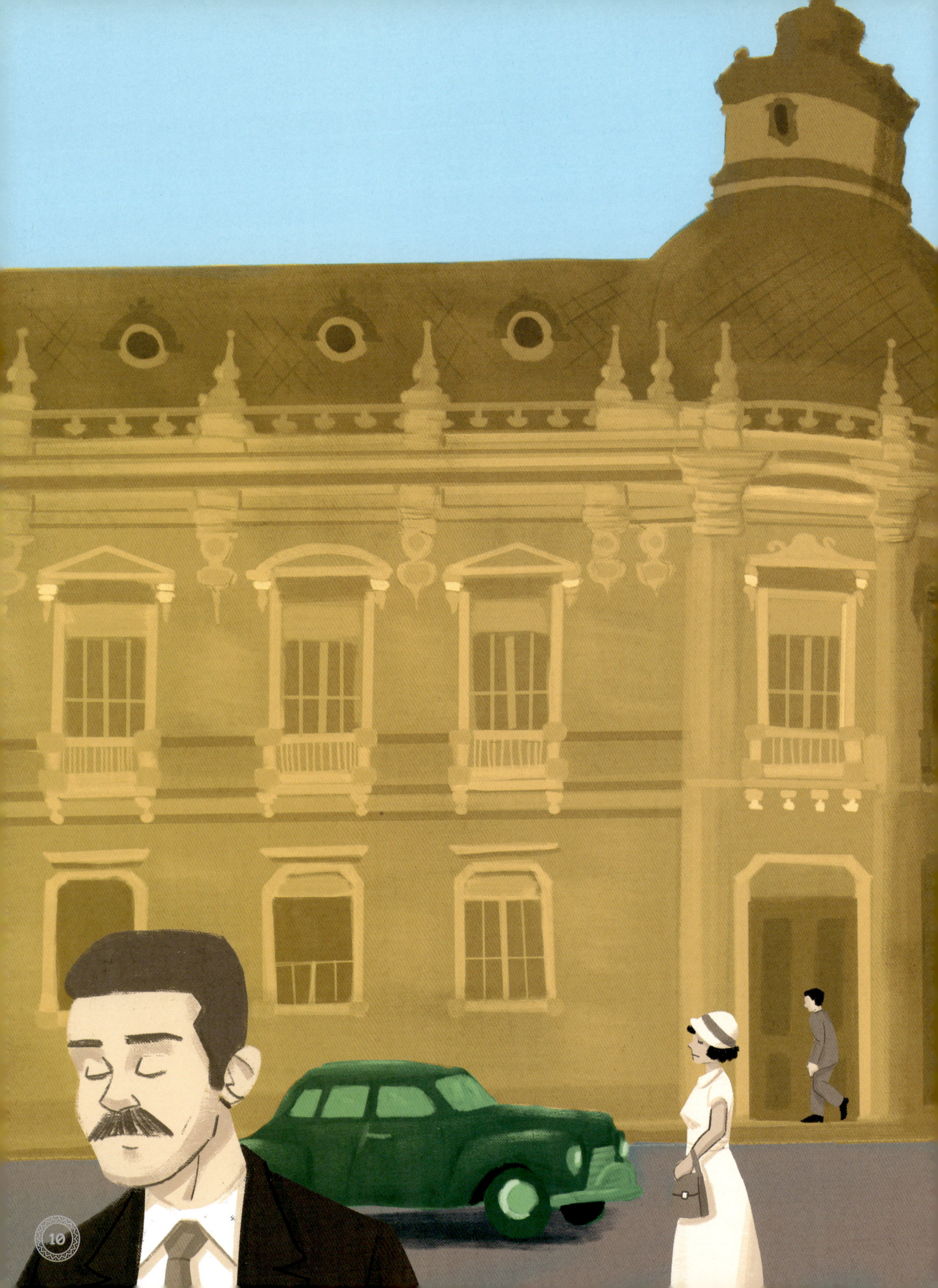

Lélia era muito estudiosa e, durante o Ensino Médio, as matérias de que mais gostava eram História, Geografia e Filosofia. Também tinha facilidade com idiomas e aprendeu latim, grego, francês, inglês e espanhol. Chegou a trabalhar como tradutora de francês.

Apesar disso, Lélia enfrentou dificuldades financeiras para seguir com os estudos, por vezes contando com a ajuda de amigos para conseguir ter acesso aos livros. Ela morava no subúrbio e costumava pegar trem para ir até a escola.

Por volta dos 19 anos, concluiu o curso científico no Colégio Pedro II e seguiu rumo à Universidade.

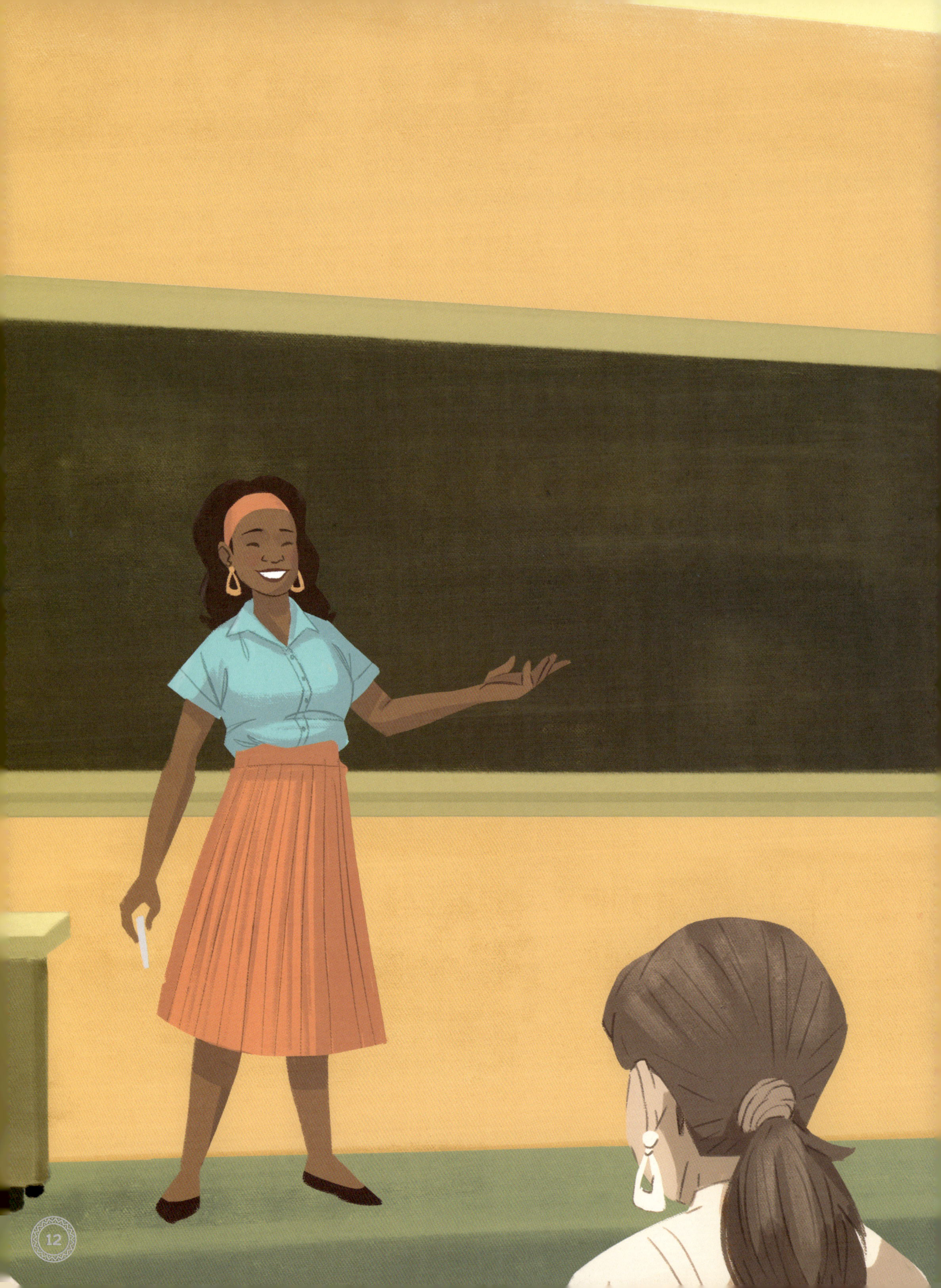

Em 1958, com 23 anos, Lélia concluiu o bacharelado e a licenciatura em História e Geografia na Universidade da Guanabara, que mais tarde passou a se chamar Universidade do Estado do Rio de Janeiro. Em 1962, a jovem também se formou em Filosofia na mesma Universidade.

Lélia ainda não havia despertado para sua condição de mulher negra e adotava o padrão estético de pessoas brancas no espaço acadêmico. Não era comum ver pessoas negras na Universidade, por isso Lélia não tinha muitas referências nas quais pudesse se inspirar.

O seu talento de falar com clareza impressionava e prendia a atenção de todos que a ouviam. Logo se tornou professora e passou a ensinar diversas disciplinas, como Filosofia e História. Depois de concluir a faculdade de Filosofia, também se tornou professora universitária e deu aulas em várias instituições públicas e privadas.

Durante a Faculdade de Filosofia, Lélia conheceu Luiz Carlos Gonzalez, um colega por quem se apaixonou e com quem veio a se casar em 1964.

Luiz Carlos era um homem branco, de origem espanhola, e sua família tinha um enorme preconceito contra pessoas negras. Por isso, não aceitava o casamento de Lélia e Luiz, o que trouxe ao casal um grande sofrimento.

Com o casamento, Lélia, cujo nome de solteira era Lélia de Almeida, passou a adotar o sobrenome do marido e ficou conhecida como Lélia Gonzalez.

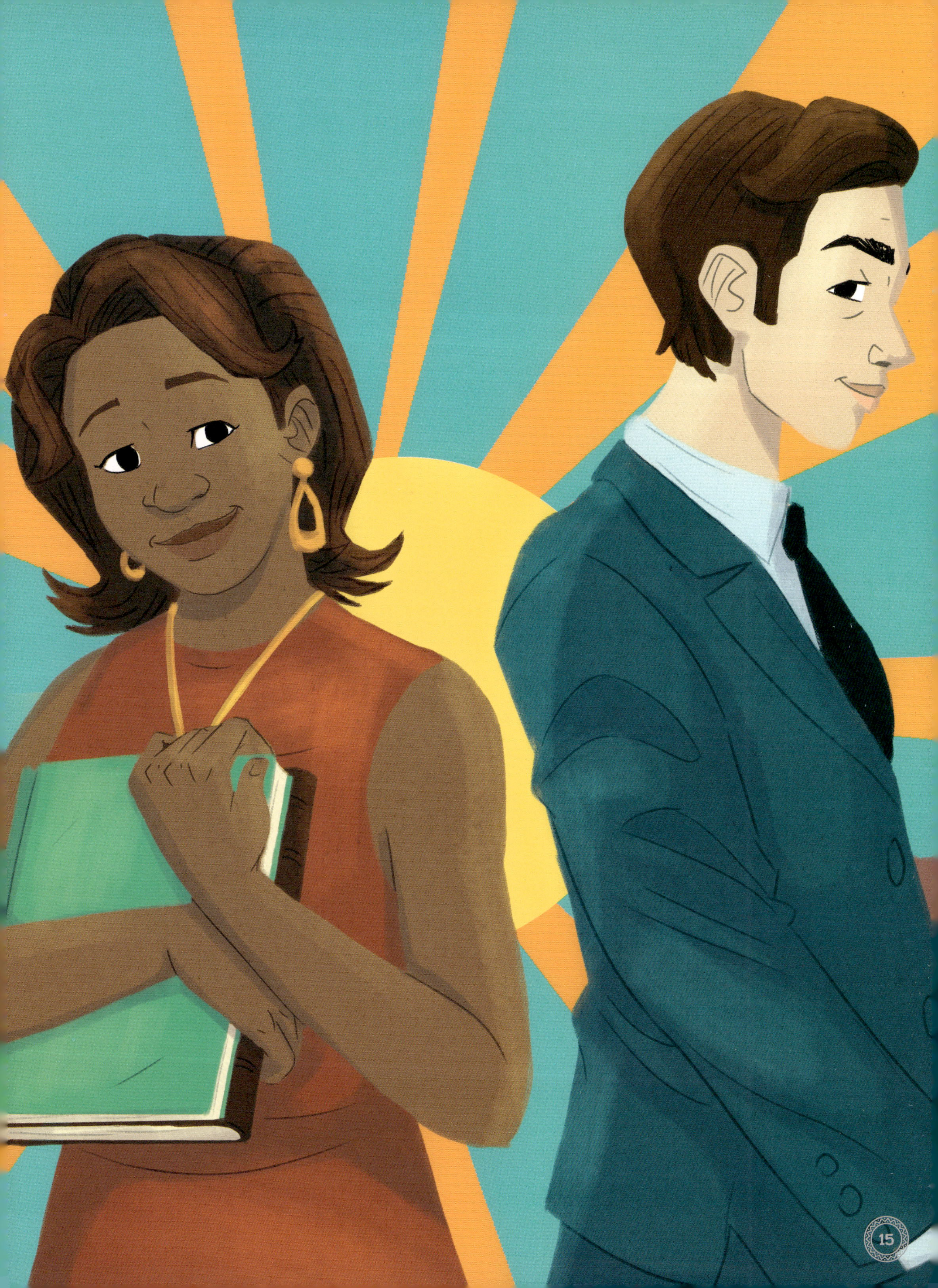

O casamento de Lélia ocorreu durante a Ditadura Militar no Brasil. Nessa época, as pessoas não tinham liberdade para pensar, falar ou ser quem eram. Foi um período muito difícil para a história do país, que era governado pelos militares.

Luiz Carlos era um homem muito consciente das questões políticas e contribuiu para que Lélia também começasse a despertar para o seu papel político enquanto mulher negra. Questões sobre as quais Lélia não costumava refletir, como sua identidade, aparência, vestimenta e postura política, começaram a surgir, fazendo com que ela passasse por uma profunda transformação pessoal.

Infelizmente, Luiz Carlos morreu em 1965, mas permaneceu sendo uma figura muito importante na vida de Lélia, que, em homenagem ao companheiro, manteve o nome de casada até o fim de sua vida.

Dois anos depois, Lélia perdeu a mãe, que havia transmitido para ela muito de sua sabedoria para lidar com as coisas da vida.

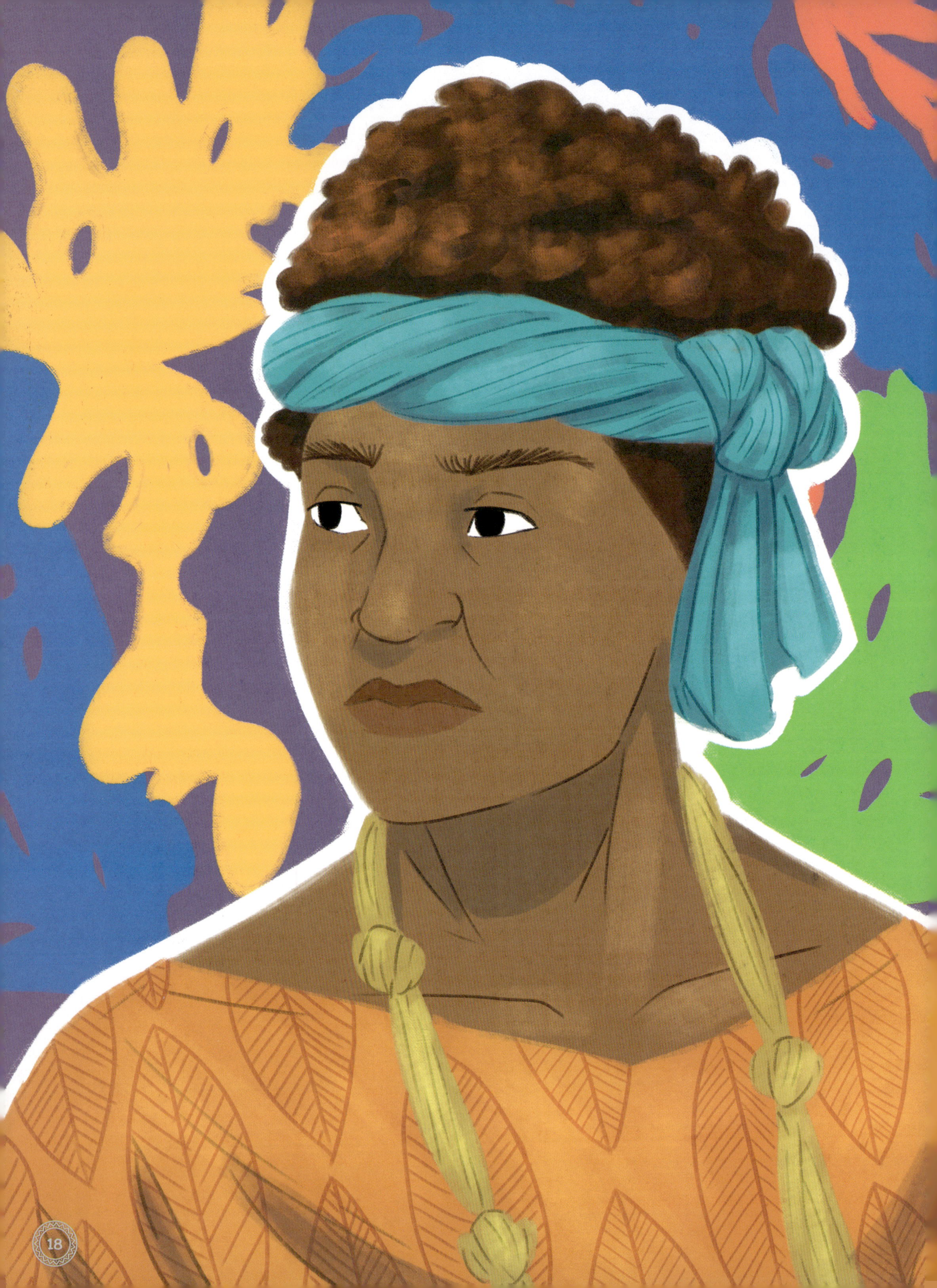

Na idade adulta, Lélia se tornou cada vez mais consciente da sua condição de mulher negra e da sua importância política na luta contra as opressões de gênero, raça e classe social.

Ainda durante a Ditadura, Lélia participou de reuniões para discutir os aspectos sociais e políticos do país com outros pensadores e intelectuais. Isso fez com que os militares passassem a monitorar Lélia. Muitas pessoas perseguidas pela Ditadura foram presas, torturadas e até mortas. Embora seu nome estivesse na lista de pessoas vigiadas, felizmente Lélia nunca teve problemas graves com os militares.

Ela se revelou uma importante intelectual e ativista. O combate ao racismo, ao machismo, ao sexismo e à desigualdade social, males que atingiam principalmente mulheres negras, passou a ser sua grande bandeira.

Lélia voltou a se casar, dessa vez com Vicente Maroto, que ela dizia ser um homem "mulato", um homem negro de pele mais clara. Hoje o termo "mulato" está em desuso e as pessoas negras de pele clara são chamadas de pardas, enquanto as de pele escura são chamadas de pretas. Tanto as pessoas pretas quanto as pessoas pardas são consideradas negras.

O segundo casamento, porém, durou apenas cinco anos, e, com o fim do relacionamento, Lélia sentiu que precisava de algo que a ajudasse a organizar as ideias sobre a temática racial. Por isso, foi em busca da psicanálise, que contribuiu para colocar suas ideias no lugar enquanto foi ganhando cada vez mais consciência de si enquanto mulher negra.

Lélia gostou tanto da psicanálise que acabou se formando psicanalista e participou da fundação do Colégio Freudiano do Rio de Janeiro.

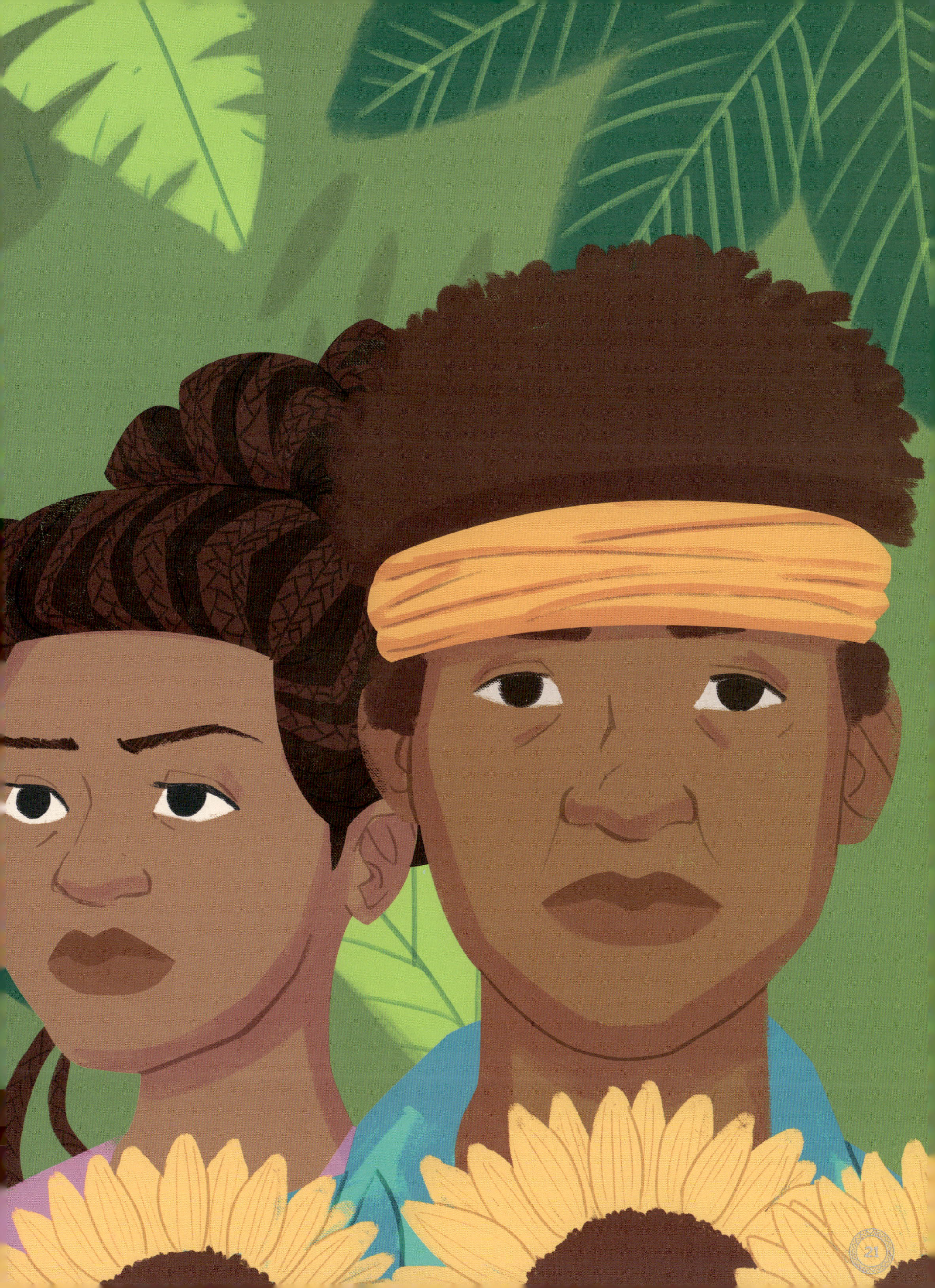

Lélia teve uma educação católica por causa de sua mãe, que era muito devota da religião, e acabou adotando o catolicismo durante parte da sua vida. Depois de adulta, teve o Candomblé como sua religião e incorporou a filosofia dos orixás em muitos de seus textos. O Candomblé tem origem africana e foi trazido para o Brasil pelos negros e negras que vieram escravizados para o nosso país.

Lélia mergulhou nos estudos sobre a cultura negra, chegando a ministrar o primeiro curso de Cultura Negra Brasileira na Escola de Artes Visuais. Além disso, participou de composições de sambas-enredos e desfiles de Carnaval que celebravam a cultura afro-brasileira.

Ela se tornou uma referência dentro e fora do movimento negro. Sua estética corporal passou a ser inegavelmente negra, abandonando de vez os cabelos alisados e as perucas de cabelo liso para assumir seu cabelo crespo e volumoso, demonstrando por meio de seus trajes e adereços a sua ancestralidade africana.

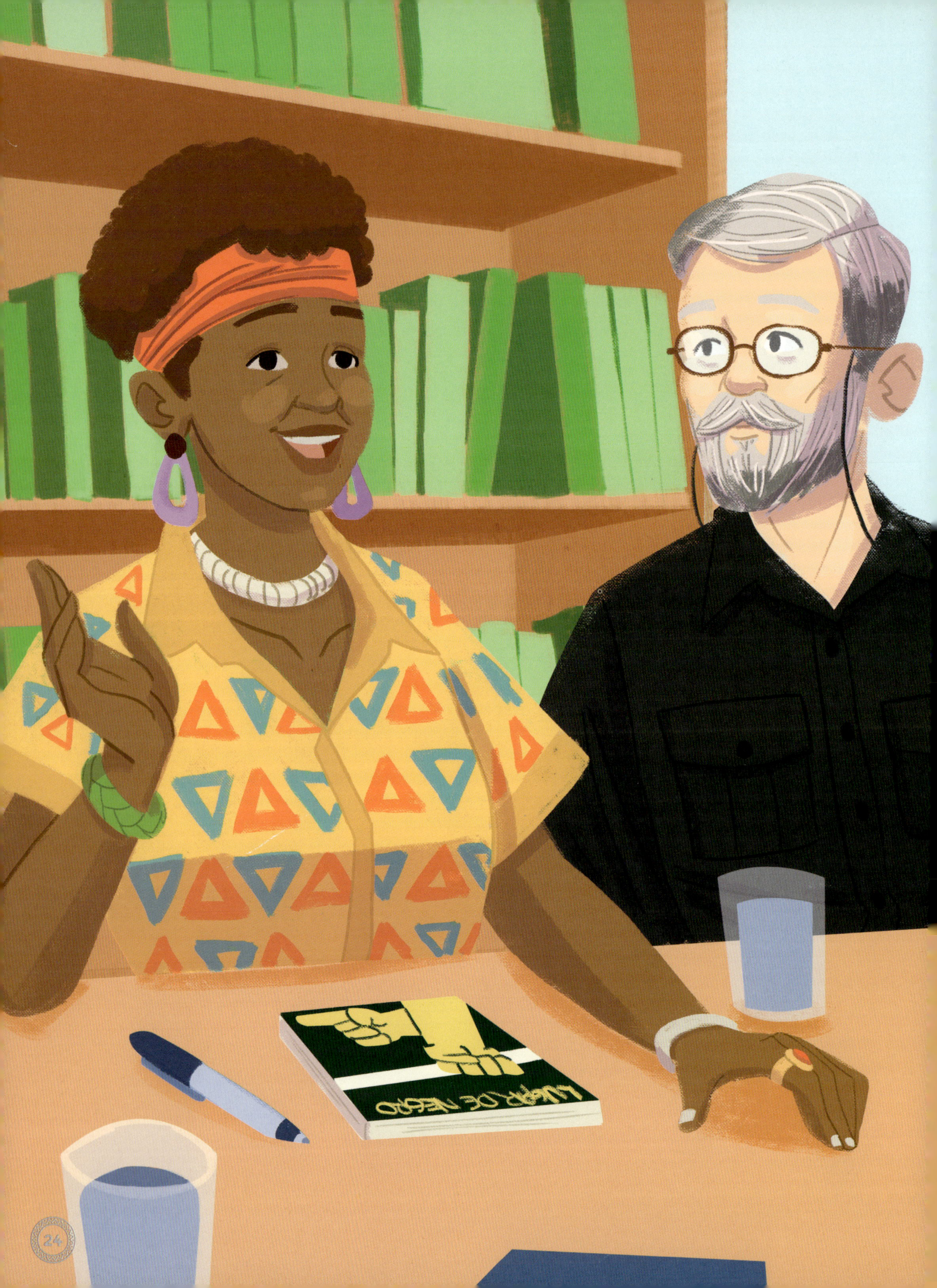
LUGAR DE NEGRO

Entre os anos de 1977 e 1988, Lélia publicou diversos textos e lançou alguns livros, dentre os quais se destaca *Lugar de negro*, em parceria com Carlos Hasenbalg.

A linguagem utilizada por Lélia era muito particular. Além do "pretuguês", termo que criou para explicar o resultado da "africanização" do português, Lélia usou uma forma coloquial e debochada de se expressar, com frases como "O lixo vai falar, e numa boa" ou "Cumé que a gente fica?", que não eram comuns em artigos produzidos por intelectuais. Essa linguagem foi utilizada para desafiar as estruturas do meio acadêmico, composto predominantemente de pessoas brancas.

Assim era Lélia: irreverente, incrivelmente inteligente e muito à frente de seu tempo. Ela trazia para o debate temas que a sociedade brasileira insistia em esconder, como o racismo e o sexismo.

Em 2020, grande parte da produção intelectual de Lélia foi reunida no livro *Por um feminismo afro-latino-americano*, da editora Zahar, que contou com a organização de Flávia Rios e Márcia Lima.

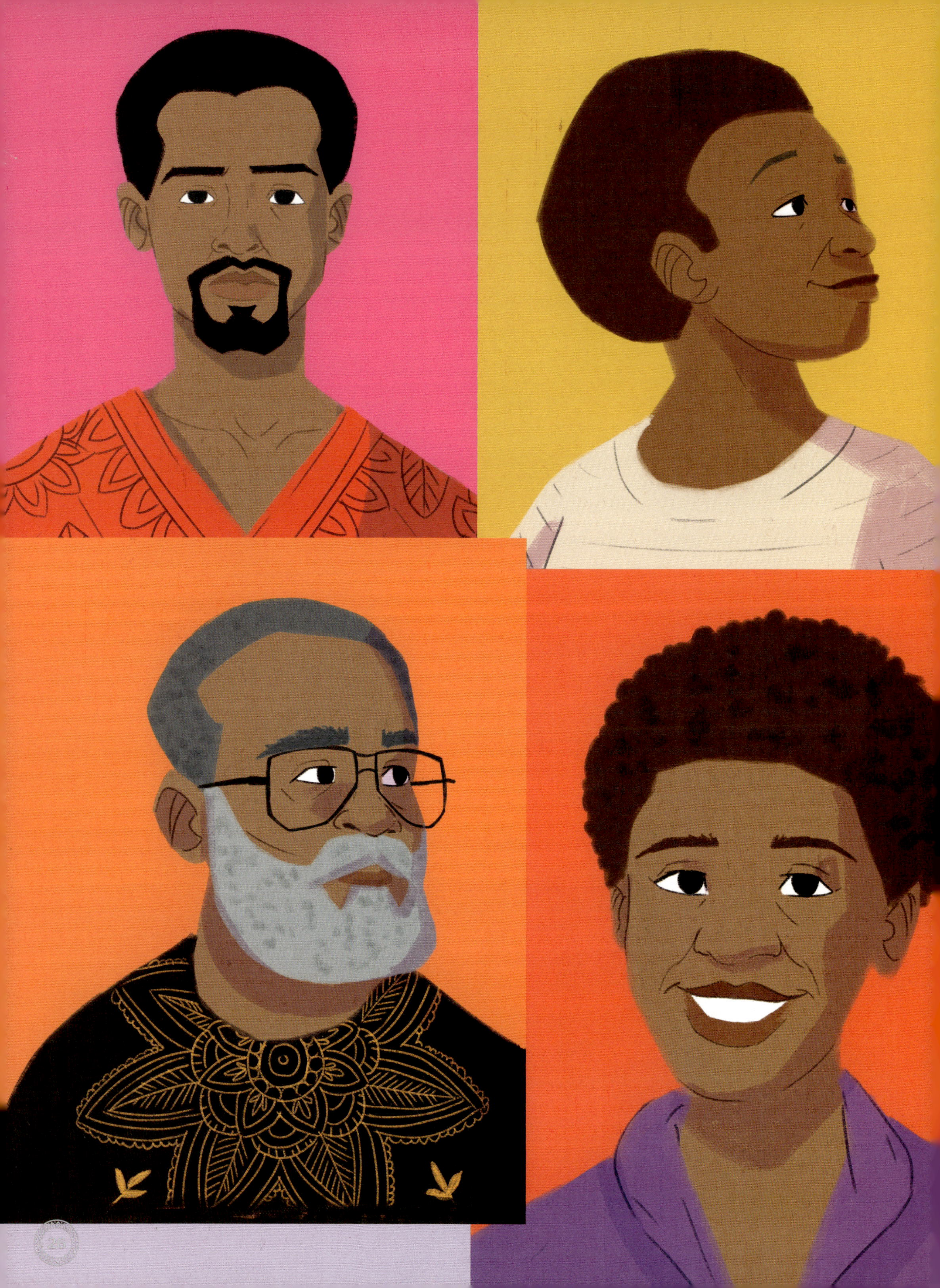

O ano de 1978 marcou um importante momento na trajetória de Lélia e no movimento de combate ao racismo no Brasil. Foi nesse período que ocorreu a fundação do Movimento Negro Unificado (MNU), cujo nascimento é marcado pela leitura do manifesto *Movimento Negro Unificado contra a Discriminação*, em frente ao Teatro Municipal de São Paulo. Lélia foi uma das fundadoras do MNU, juntamente com outros importantes ativistas e intelectuais, como Abdias do Nascimento e Elisa Larkin Nascimento.

Lélia passou a integrar a diretoria executiva nacional do MNU, mas, como os tempos ainda eram de Ditadura, os militares julgavam o MNU como um movimento ilegítimo, criminoso e que provocava a desobediência. Naquela época, não havia liberdade de manifestação, de expressão ou de pensamento.

Em parceria com outras mulheres negras, Lélia trabalhou pela transformação do dia 20 de novembro em "Dia Nacional da Consciência Negra", em memória da morte de Zumbi dos Palmares, um importante líder negro que comandou o Quilombo dos Palmares – um espaço de luta e resistência de pessoas negras e indígenas durante o período da escravidão no Brasil.

No campo da política, ela e Benedita da Silva participaram do Conselho Nacional dos Direitos da Mulher (CNDM), vinculado ao Ministério da Justiça. Lélia foi uma das conselheiras do órgão, atuando para eliminar a discriminação contra as mulheres, assegurando a elas condições de liberdade e de igualdade de direitos.

Ela também participou de audiências públicas durante o período de elaboração da Constituição Federal de 1988, trabalhando para que o racismo fosse tratado de forma severa e para que outros direitos fossem garantidos às pessoas negras, como as populações quilombolas.

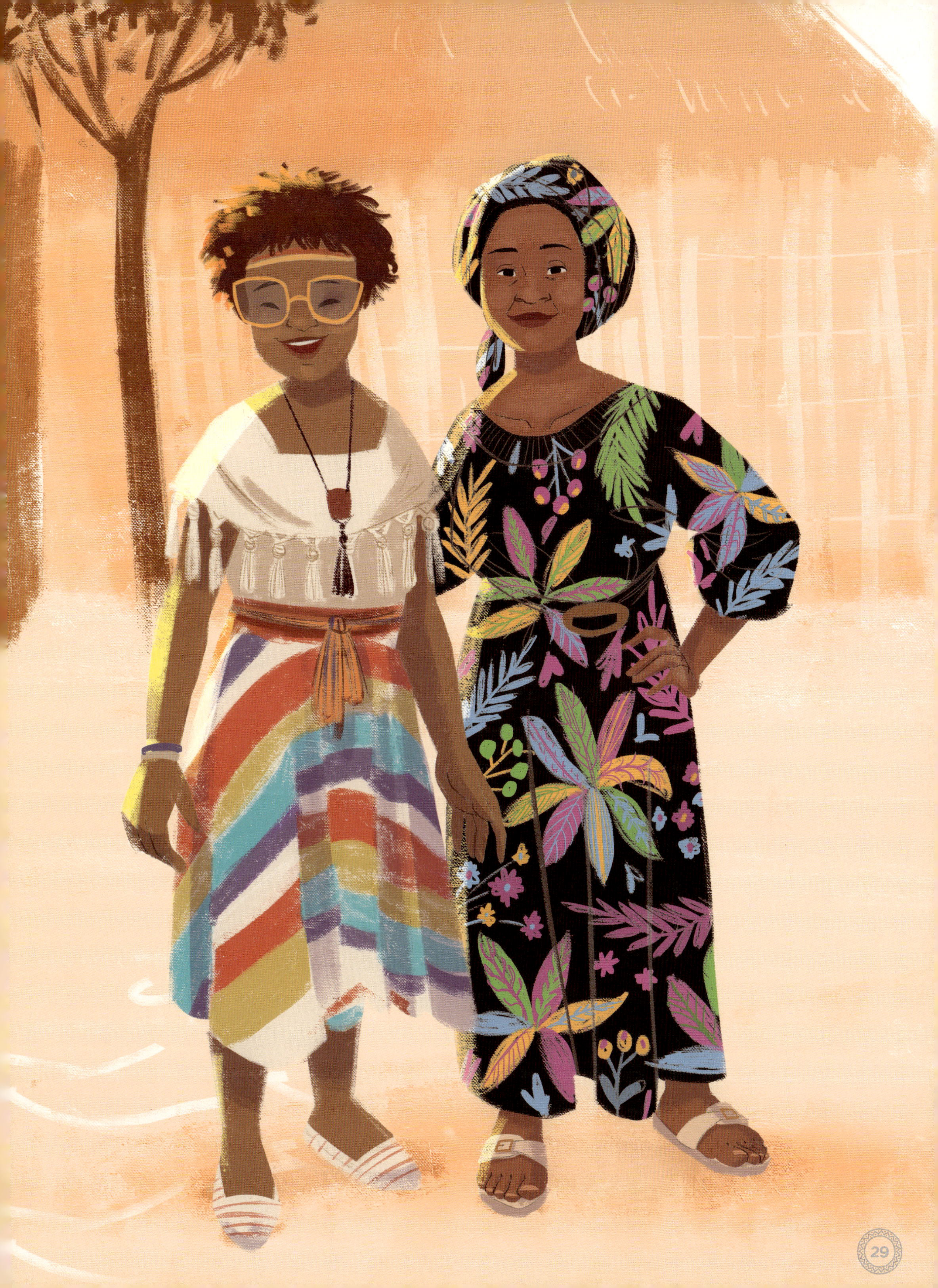

Em 1992, Lélia passou a apresentar problemas de saúde e foi diagnosticada com diabetes. Ainda assim, chegou a ingressar no doutorado em Antropologia, na Universidade de São Paulo, e se tornou chefe do Departamento de Sociologia e Política da PUC-Rio.

No dia 9 de julho de 1994, enquanto a seleção brasileira de futebol jogava contra a Holanda pelas quartas de final da Copa do Mundo, Lélia se recolheu ao seu quarto para assistir à partida e acabou sofrendo um infarto. Aos 59 anos, retornou ao Orun, o mundo espiritual na linguagem iorubá.

A grande intelectual, ativista e feminista negra deixou um legado de valor inestimável que continuará a repercutir por muitas e muitas gerações. Conceitos como o de "amefricanidade", criado por Lélia, servem até hoje como lente de análise para se compreender a condição do negro num território colonizado.

Suas ideias influenciam o pensamento feminista no Brasil e no mundo, chegando a ser exaltadas por Angela Davis, uma importante ativista do movimento negro norte-americano: "Eu aprendi mais com Lélia Gonzalez do que vocês aprenderão comigo".

Em 2022, Lélia foi uma das homenageadas na coleção *Meninas sonhadoras, mulheres cientistas*, publicada pela Editora Mostarda – um tributo merecido a quem tanto contribuiu para o combate às desigualdades do nosso país.

Querido leitor,

A editora MOSTARDA é a concretização de um sonho. Fazemos parte da segunda geração de uma família dedicada aos livros. A escolha do nome da editora tem origem no que a semente da mostarda representa: é a menor semente da cadeia dos grãos, mas se transforma na maior de todas as hortaliças. Nossa meta é fazer da editora uma grande e importante difusora do livro, transformando a leitura em um instrumento de mudança na vida das pessoas, desconstruindo barreiras e preconceitos. Entre os principais temas abordados nas obras estão: inclusão, diversidade, acessibilidade, educação e empatia. Acreditamos que o conhecimento é capaz de abrir as portas do pensamento rumo a uma sociedade mais justa. Assim, nossos valores estão ligados à ética, ao respeito e à honestidade com todos que estão envolvidos na produção dos livros e com os nossos leitores. Vamos juntos regar essa semente?

Pedro Mezette
CEO Founder
Editora Mostarda

EDITORA MOSTARDA
www.editoramostarda.com.br
Instagram: @editoramostarda

Flávia Martins de Carvalho, 2022

Direção:	Pedro Mezette
Coordenação:	Andressa Maltese
Produção:	A&A Studio de Criação
Revisão:	Beatriz Novaes
	Elisandra Pereira
	Marcelo Montoza
	Mateus Bertole
	Nilce Bechara
Diagramação:	Ione Santana
Ilustração:	Aline Terranova
	Anderson Santana
	Bárbara Ziviani
	Eduardo Vetillo
	Felipe Bueno
	Henrique HEO
	Henrique Pereira
	Jefferson Costa
	Kako Rodrigues
	Leonardo Malavazzi

Dados Internacionais de Catalogação na Publicação (CIP)
(Câmara Brasileira do Livro, SP, Brasil)

```
Carvalho, Flávia Martins de
   Gonzalez : Lélia Gonzalez / Flávia Martins de
Carvalho ; ilustrações Leo Malavazzi. -- 1. ed. --
Campinas, SP : Editora Mostarda, 2022.

   ISBN 978-65-88183-96-0

   1. Ativistas políticas - Brasil - Biografia -
Literatura infantojuvenil 2. Gonzalez, Lélia,
1935-1994 - Biografia - Literatura infantojuvenil
3. Negras - Brasil - Biografia - Literatura
infantojuvenil I. Malavazzi, Leo. II. Título.

22-132890                              CDD-028.5
```

Índices para catálogo sistemático:

```
1. Lélia Gonzalez : Biografia : Literatura
   infantojuvenil   028.5
2. Lélia Gonzalez : Biografia : Literatura juvenil
   028.5

Cibele Maria Dias - Bibliotecária - CRB-8/9427
```

Nota: Os profissionais que trabalharam neste livro pesquisaram e compararam diversas fontes numa tentativa de retratar os fatos como eles aconteceram na vida real. Ainda assim, trata-se de uma versão adaptada para o público infantojuvenil que se atém aos eventos e personagens principais.